똑똑한 유아어휘

1단계

2 동요·동시

- 모양을 흉내 내는 말, 소리를 흉내 내는 말, 자연과 사물을 나타내는 말, 움직임을 나타내는 말에 관한 동요·동시 속 어휘를 배웁니다.

- 동요·동시 속 어휘의 뜻을 정확하게 이해하고, 낱말 간의 관계를 파악하여 올바르게 활용합니다.

- 동요·동시에 자주 나오는 어휘의 뜻을 정확하게 파악하여 어휘력과 표현력의 기초를 쌓습니다.

내 이름 : _____

웅진주니어

어휘력은 독해력과 학습 능력의 기초

 ## 어휘력이란 무엇일까요?

어휘력이 무엇인지 정확하게 이해하려면 먼저 '낱말'과 '어휘'의 차이를 알아야 합니다. 낱말은 낱낱의 말을 가리키고, 어휘는 일정한 범위 안에서 쓰이는 낱말 전체를 가리킵니다. 다시 말해 어휘는 하나하나의 낱말뿐만 아니라 낱말과 낱말 사이의 관계까지 포함하는 보다 넓은 개념입니다. 어휘력은 정확하고 폭넓게 어휘를 사용하는 능력으로, 어휘력이 뛰어나면 낱말의 뜻을 확실히 이해하고 생활 속에서 상황에 알맞은 낱말을 선택하여 사용할 수 있습니다. 더 나아가 창조적인 언어 표현까지 가능해집니다.

 ## 왜 유아에게 어휘력이 중요할까요?

하나, 언어 발달의 기초를 마련해 줍니다.

유아기는 어휘력이 폭발적으로 향상되는 언어 발달의 결정적인 시기입니다. 언어는 주위 환경에 의해 영향을 많이 받기 때문에 어떤 언어 환경과 훈련 방법이 주어지느냐에 따라 그 발달 정도가 크게 달라집니다. 따라서 유아의 어휘 수준에 알맞은 자료를 적절한 시기에 올바른 방법으로 제공하는 것이 무엇보다 중요합니다.

둘, 독해력의 기초를 튼튼하게 세워 줍니다.

아이가 글을 읽고 내용을 잘 파악하지 못한다면, 먼저 어휘력부터 키워 주어야 합니다. 낱말 하나하나뿐만 아니라 유형화된 어휘군을 통합적으로 익혀야 문장을 이해하고 글의 내용을 파악할 수 있기 때문입니다. 글의 맥락 속에서 어휘의 뜻을 유추하는 단계에까지 이르면 어떤 글이든 쉽고 정확하게 이해할 수 있게 됩니다.

셋, 의사소통 능력을 높여 줍니다.

어휘력이 뛰어나다는 것은 그 사람의 언어적 자산이 풍부하다는 뜻입니다. 어휘가 풍부하면 말과 글을 빠르고 정확하게 이해하며, 같은 생각이라도 더욱 정밀하고 다채롭게 표현할 수 있습니다. 어휘력이 뛰어나면 다른 사람의 말을 잘 알아듣고, 자신의 생각을 명확하게 표현하기 때문에 의사소통 능력이 한층 높아집니다.

넷, 학업 성취도를 높여 줍니다.

언어 능력을 키우는 중요한 방법 중 하나는 새로운 어휘를 배우는 것입니다. 어휘를 안다는 것은 사물이나 대상에 대한 개념을 확실하게 이해한다는 뜻입니다. 따라서 어휘력이 뛰어나면 학습의 기초를 튼튼하게 쌓을 수 있습니다. 특히 유아기에 습득한 어휘는 초등학교에서 배우는 국어뿐만 아니라 수학, 과학 같은 과목에도 많은 영향을 미칩니다.

이 책은 무엇이 좋을까요?

● 어휘를 체계적으로 학습할 수 있습니다.

- 유아의 3가지 언어 환경(대화, 독서, 학습)을 고려하여 어휘를 선정했습니다.
- 같은 범주의 어휘(생활 어휘/ 동요·동시, 이야기 속 어휘/ 학습 어휘)끼리 구성했습니다.
- 4가지 주제별로 연계 어휘를 제시하여 하나의 계통 속에서 통합적으로 익힐 수 있습니다.
- 어휘 습득 단계에 맞추어 체계적인 학습이 가능합니다.

어휘의 뜻 알기	→	어휘 사이의 의미 관계 파악하기	→	어휘를 다양하게 사용하기
(어휘와 만나기)		(어휘와 친해지기)		(어휘와 놀기)

- 학습을 모두 끝내면 평가를 통해 아이의 학습 성취도를 곧바로 확인할 수 있습니다.

● 어휘 학습의 방향을 바로잡아 줍니다.

- 이미 알고 있던 어휘는 더욱 정확하게 익히고, 새로운 어휘는 바르게 학습하도록 합니다.
- 단순히 공부하고 끝나는 것이 아니라, 평소 사용하는 어휘에 호기심을 갖도록 합니다.
- 의사소통을 할 때 다양한 어휘를 사용할 수 있게 합니다.

● 유아의 개인차를 고려하여 수준별 학습을 할 수 있습니다.

- 총 3단계의 학습 과정을 아이의 수준에 따라 자율적으로 조절할 수 있습니다.
- 초등학교 1학년 교과 과정과 연계된 교재로, 학교 입학 후 빨리 적응할 수 있습니다.

김용한

서울초등국어과교육연구회 회장 역임

(전)서울 신서초등학교 교장

한국글짓기지도회 회장 역임

5, 6차 국어과 교육 과정 심의 위원, 교과서 및 교사용 지도서 집필

7차 국어과 교과서 연구 위원

7차 개정 국어 교과서 심의 위원

이 책의 구성, 꼼꼼 들여다보기

어휘와 만나기

동요와 동시에 나오는 모양·소리를 흉내 내는 말, 자연과 사물, 움직임을 나타내는 말에 관한
어휘를 익히고, 어휘의 뜻과 쓰임을 파악합니다. 각 동요와 동시에 쓰인 어휘들을 사용해 짧은
동요나 동시를 지어 볼 수 있도록 이끌어 주세요.

들어가기
아이가 동요와 동시에서 자주 접하는 문장을
통해 6개의 어휘를 익힙니다. 그림과 함께
보면서 어휘에 대한 감각을 자극합니다.

어휘의 기본 뜻을 사전적인 내용 그대로 제시
하지 않고, 유아 수준에 맞추어 쉽게 이해할
수 있도록 하였습니다.

뜻 알기

기본 뜻을 익힌 어휘를 이용해 구절과 문장을
만들어 보면서 어휘를 바르게 활용하도록 도
와줍니다.

어휘 활용

짧은 동시 속에 사용된 어휘를 글자로 써 보
는 활동입니다.

쓰기

어휘와 친해지기

'어휘와 만나기'에서 익힌 어휘를 중심으로 어휘 간의 의미 관계를 학습합니다. 이 과정을 통해
어휘의 뜻을 더 정확하게 파악하고, 어휘의 쓰임을 다각도로 익혀 어휘력이 풍부해집니다.

보는 '눈'과 내리는 '눈'처럼 글자는 같지만 뜻
이 다른 낱말입니다. 동음이의어를 알면 글의
의미를 정확히 파악하는 데 도움이 됩니다.

동음이의어

뜻이 서로 비슷해 바꿔 쓸 수 있는 말입니다.
비슷한말을 많이 알면 같은 뜻을 다양하게 표
현할 수 있습니다.

비슷한말

뜻이 서로 반대인 낱말입니다. 반대말 학습은
낱말의 뜻과 개념을 정확하게 이해하는 데 도
움을 줍니다.

반대말

낱말의 기본 뜻이 넓어져 두 개 이상의 뜻으
로 쓰이는 낱말입니다. 다의어를 알면 글의
맥락을 정확하게 파악하는 데 도움이 됩니다.

다의어

상하위어

상위어는 다른 낱말을 포함하는 낱말이고, 하위어는 다른 낱말에 포함되는 낱말입니다. 상하위어 학습은 어휘 간의 포함 관계를 아는 데 도움을 줍니다.

합성어

두 낱말이 합해져 하나의 뜻을 갖는 어휘입니다. 합성어가 만들어지는 과정을 이해하면 새로운 합성어를 접할 때 뜻을 스스로 유추할 수 있습니다.

관용어

일상생활에서 사전적 의미와 다르게 쓰이는 관용구나 속담입니다. 관용어를 많이 알면 언어 구사력과 의사소통 능력이 풍부해집니다.

어휘와 놀기

지금까지 배운 어휘를 모두 활용합니다. 어휘를 이용해 문장을 만들거나 동시를 꾸며 보면서 어휘의 다양한 쓰임을 익힙니다. 이를 통해 어휘를 더 정교하고 다채롭게 표현할 수 있는 능력을 키웁니다.

글 완성하기

빈 자리에 알맞은 어휘를 넣어 문장을 완성하면서 언어 정교성을 키웁니다.

적용하기

어휘를 상황에 맞게 적용하면서 정확한 쓰임을 익히고, 언어 정교성을 키웁니다.

수수께끼

글을 읽고, 수수께끼의 대상이 무엇인지 파악하면서 어휘의 뜻을 정확하게 익힙니다.

동시 꾸미기

그림을 보고, 지금까지 배운 어휘를 이용해 동시를 완성하고, 아이 스스로 동시를 꾸며 보면서 언어 독창성을 키웁니다.

연상하기

글을 읽거나 그림을 보고, 어휘의 뜻과 연관된 것을 자유롭게 떠올려 보면서 언어 유창성을 키웁니다.

이름 짓기

지금까지 배운 어휘를 이용해 글과 그림에 알맞은 이름을 지어 보면서 언어 독창성을 키웁니다.

예쁜 우리말

순우리말을 뜻과 함께 실었습니다. 순우리말의 예쁜 느낌을 살리기 위해 운율을 살린 글로 구성했습니다. 아이와 함께 읽고, 생활 속에서 어휘를 직접 사용해 보세요.

되짚어 보기

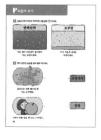

지금까지 익힌 어휘의 의미와 쓰임을 묻는 문제를 풀어 보면서 어휘 실력을 스스로 평가합니다. 부족한 어휘는 다시 한번 복습하고, 생활 속에서 자주 사용할 수 있도록 해 주세요.

해가 떴어요

햇빛은 밝고
햇볕은 따사로워요.
해가 처음 솟을 때 빛나는 햇귀.
해에서 나오는 빛줄기 햇살.
사방으로 눈부시게 뻗친 햇발.
해가 지는 짧은 동안 햇덧.
그늘진 곳에 잠시 비치는 햇볕 볕뉘.

햇빛이 비치는 창가는 환하고
햇볕이 드는 방 안은 따뜻해요.

어휘와 만나기

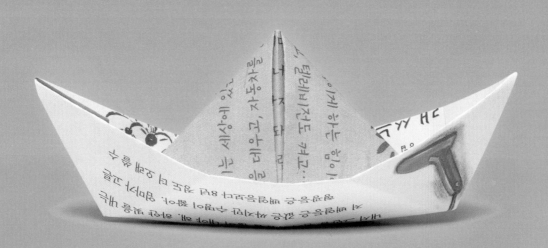

모양을 흉내 내는 말

작은 별

반짝반짝 작은 별
아름답게 비치네.
동쪽 하늘에서도,
서쪽 하늘에서도.
(생략)

-윤석중

주름살

할머니 이마에
주름살이 **쪼글쪼글**
바람 슝 빠지자
풍선이 **쪼글쪼글**

꼬부랑 할머니

꼬부랑 할머니가
꼬부랑 고갯길을
꼬부랑꼬부랑 넘어가고 있네.

포도알은 동글동글, 나무젓가락은 길쭉길쭉. 모두 모양을 흉내 내는 말이에요.
모양을 흉내 내는 낱말을 알아볼까요?

엄마 돼지 아기 돼지

토실토실 아기 돼지,
젖 달라고 꿀꿀꿀.
엄마 돼지 오냐 오냐,
알았다고 꿀꿀꿀.
-박홍근

보슬비

보슬비 보슬보슬
땅 위를 적시면
새싹들이 뾰족뾰족
고개를 내밀어요.

낱말의 뜻을 읽고, 빈 자리에 알맞은 붙임 딱지를 붙이세요.

참 잘했어요!

끝이 날카로운
모양이에요.

?

비가 가늘게 내리는
모양이에요.

?

주름이 많이 잡힌
모양이에요.

?

낱말과 뜻이 알맞게 연결되도록 같은 모양의 모래성끼리
줄로 이으세요.

살이 보기 좋게 찐 모양이에요.

작은 빛이 나타났다
없어졌다 하는 모양이에요.

심하게 휘어진 모양이에요.

어휘 활용

그림에 알맞은 글이 되도록 빈 자리에 붙임 딱지를 붙이세요.

참 잘했어요!

봄비가 ?

아기 엉덩이가 ?

가시가 ?

크리스마스트리의 불빛이

반 짝 반 짝

불빛 따라 내 눈동자도 반짝반짝

감이 말라 주름이

쪼 글 쪼 글

우리 할머니 주름도 쪼글쪼글

꼬 부 랑

지팡이가 한 걸음
꼬부랑 할아버지도 한 걸음

13

소리를 흉내 내는 말

겨울바람

겨울엔
바람이 쌩쌩 불어요.
찬바람이
썰매처럼 쌩쌩 달려와요.

과일

빨갛게 익은 사과
사각사각
소리까지 맛있어요.
노랗게 익은 배
사각사각
시원하고 달콤해요.

시계

시계는 아침부터 똑딱똑딱
시계는 아침부터 똑딱똑딱
언제나 같은 소리 똑딱똑딱
부지런히 일해요.

박수 소리는 짝짝, 기차 소리는 칙칙폭폭. 모두 소리를 흉내 내는 말이에요.
소리를 흉내 내는 낱말을 알아볼까요?

필통

필통 속 연필들이
달그락
서로 몸을 부딪치며
달그락달그락

개구리

개구리 머리 위에
꿀벌 한 마리 **윙윙**
놀란 개구리
연못 속으로 **첨벙**

날벌레가 아주 빠르게
날아갈 때 나는 소리예요.

물속으로 세게 떨어질 때
나는 소리예요.

사과나 배를 씹을 때
나는 소리예요.

 뜻 알기

낱말과 뜻이 알맞게 연결되도록 같은 모양끼리 같은 색으로 칠하세요.

 참 잘했어요!

달그락

작고 단단한 물건이 서로 부딪칠 때 나는 소리예요.

시곗바늘이 움직이는 소리예요.

쌩쌩

똑딱똑딱

바람이 세게 불 때 나는 소리예요.

17

어휘 활용

참 잘했어요!

똑딱똑딱

사각사각

맛있는 배

윙윙

달그락

나는 모기

첨벙

쌩쌩

물속에 떨어진 돌

18

아무도 없는 집

가만히 귀 기울이면

| 똑 | 딱 | 똑 | 딱 |

시계 소리

| 쌩 | 쌩 |

바람 소리

| 달 | 그 | 락 |

그릇 소리

무서워서 콩콩 뛰는 내 심장 소리

19

자연과 사물을 나타내는 말

저녁 하늘

해 지는 저녁 하늘
발갛게 **노을**이 져요.
알록달록 **꽃신**처럼
고운 빛으로
하늘이 물들어요.

햇볕은 쨍쨍

햇볕은 쨍쨍 모래알은 반짝,
모래알로 떡 해 놓고,
조약돌로 *소반 지어,
언니 누나 모셔다가 맛있게도 냠냠.

-최옥란

*소반: 자그마한 밥상

세상에는 햇빛이나 구름처럼 아름다운 자연과 책이나 신발 같은 사물이
함께 어우러져 있어요. 자연과 사물을 나타내는 낱말을 알아볼까요?

참 잘했어요!

허수아비 아저씨

하루 종일 우뚝 서 있는
성난 **허수아비** 아저씨.
짹짹짹짹짹 아이 무서워
새들이 달아납니다.
(생략)

-김규환

여우비

여우비가
해님이랑
숨바꼭질하나 봐요.
햇볕 쨍쨍
여우비 후드득
금세 다시 햇볕 쨍쨍.

함박눈

함박눈이 펑펑
하늘에서
하얀 팝콘이 펑펑
터지나 봐요.
함박눈이 펑펑
온 세상을 하얗게 덮어요.

낱말과 뜻이 알맞게 연결되도록 같은 색끼리 줄로 이으세요.

참 잘했어요!

허수아비

굵고 탐스럽게
내리는 눈이에요.

여우비

막대기나 짚으로 사람처럼
만든 것이에요.

함박눈

맑은 날씨에 잠깐 동안
내리는 비예요.

22

낱말의 뜻을 읽고, 빈 자리에 알맞은 붙임 딱지를 붙이세요.

 참 잘했어요!

작고 동글동글한 돌이에요.

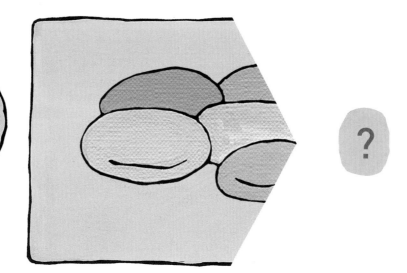

?

해가 뜨거나 질 때 하늘이 붉게 물드는 모습이에요.

?

꽃 모양이나 여러 색깔로 꾸민 신발이에요.

?

어휘 활용

버스에 쓰인 낱말이 ❓에 알맞게 들어가도록 길을 따라가세요.

참 잘했어요!

큰 소리로 글을 읽고, 글자를 따라 쓰세요.

참 잘했어요!

어느 날 저녁에

하늘에 노을 이 물들어요.

들판의 허수아비 가 바람에 흔들려요.

아이가 알록달록 예쁜 꽃신 을 신었어요.

움직임을 나타내는 말

엄마와 아기

엄마가 소곤소곤
아기 귀에 **속삭이면**
아기가 끄덕끄덕
고개를 **끄덕여요.**

도깨비 나라

이상하고 아름다운 도깨비 나라.
방망이를 **두드리면** 무엇이 될까.
금 나와라 와라 뚝딱!
은 나와라 와라 뚝딱!

엄마

병아리가 삐악삐악 울면
엄마 닭이 병아리를 **품어** 주어요.
내가 쓴 약을 꿀꺽 **삼키면**
엄마가 잘했다고 머리를 **쓰다듬어요.**

달리기

담장 위의 고양이
사뿐사뿐 **달아나고**
연못가의 개구리
폴짝폴짝 **달아나고**
숲 속의 다람쥐
쪼르르 **달아나요.**

속삭이다

고개를 위아래로 가볍게 움직여요.

끄덕이다

소리가 나도록 여러 번 쳐요.

두드리다

작은 목소리로 조용히 이야기해요.

잡히지 않으려고
빠르게 뛰어가요.

?

입에 넣어서
목구멍으로 넘겨요.

?

두 팔로 가슴에
대어 안아요.

?

고개를 ❓.

귀에 대고 ❓.

음식을 ❓.

삼키다

속삭이다

끄덕이다

깜짝 놀라서

문을 쾅쾅 두드리면

생쥐가 놀라 달아나고

알을 품던 엄마 닭은

깜짝 놀라 꼬끼오 울지요.

예쁜 우리말

빗방울이 바다에 이르기까지

물은 흘러 흘러 어디로 갈까요?
하늘에서 내린 빗방울이 모여
졸졸졸 작고 좁은 도랑으로 흐르고,
도랑물이 모여 골짜기 개울로 흘러요.
개울물은 시내로 흐르고,
시냇물은 더 넓은 들판의 내로 흘러요.
냇물은 모여서 가람이 되고,
가람이 흘러 흘러 넓은 바다로 가지요.

어휘와 친해지기

그림에 알맞은 글이 되도록 빈 자리에 똑같이 들어갈 낱말을 골라 붙임 딱지를 붙이세요.

배는 우리 몸의 배 도 있고, 먹는 배 도 있어요.

'배'처럼 글자는 같지만 뜻이 다른 낱말에는 무엇이 있을까요?

배가

?

이름을

길을

?

바지를

미나야!

다리가 ❓ 붓다.

쥐가 ❓ 울다.

통통

찍찍

물총을 ❓ 쏘다.

작은북을 ❓ 치다.

뜻이 비슷한 낱말을 골라 같은 색으로 칠하세요.

참 잘했어요!

가족 은 식구라고 바꾸어 쓸 수 있어요.

'가족'과 '식구'처럼 뜻이 비슷한 낱말에는 무엇이 있을까요?

품다

차다

안다

속삭이다

먹다

귓속말하다

아래 그림 조각을 오려 붙여서 그림을 완성하고, 뜻이 비슷한
낱말을 골라 ◯ 하세요.

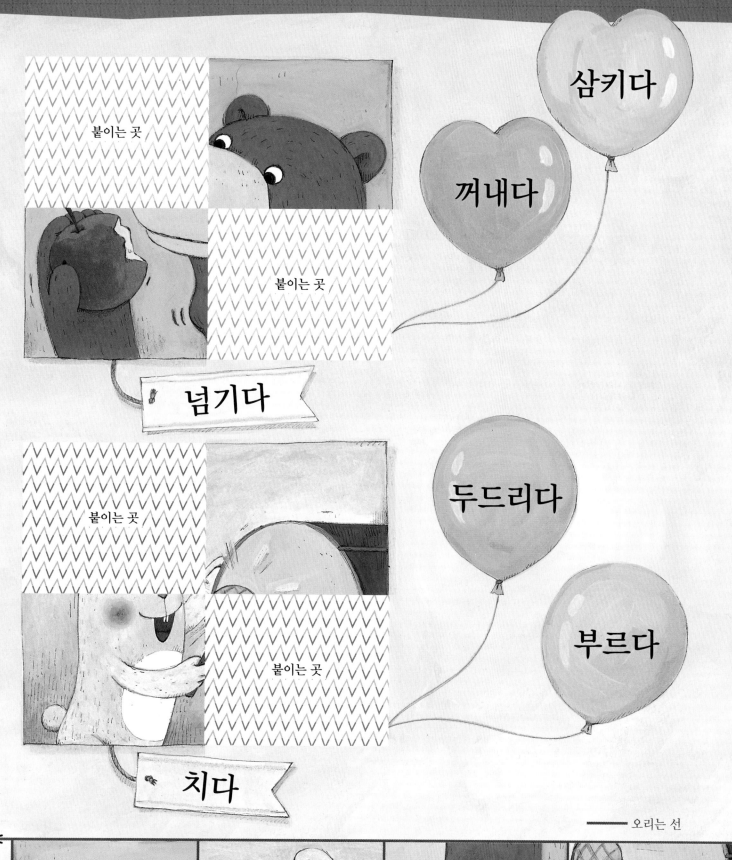

붙이는 곳

붙이는 곳

삼키다

꺼내다

넘기다

붙이는 곳

붙이는 곳

두드리다

부르다

치다

────── 오리는 선

그림을 **바라보다.** ?

필통을 **놓다.** ?

사탕을 **감추다.** ?

풀칠하는 곳   풀칠하는 곳   풀칠하는 곳   풀칠하는 곳

반대말

참 잘했어요!

글자를 따라 쓰고, 뜻이 반대인 낱말을 골라 줄로 이으세요.

입다 와 벗다 는 뜻이 서로 반대예요.
'입다'와 '벗다'처럼 뜻이 반대인 낱말에는 무엇이 있을까요?

약을 삼키다.

삼	키	다

촛불을 끄다.

촛불을 켜다.

켜	다

약을 뱉다.

39

가다

오다

쥐다

놓다

숨다

찾다

—·— 밖으로 접는 선   ----- 안으로 접는 선

열다 넣다 구부리다

꺼내다 닫다 펴다

꺼내다 닫다 펴다

그림에 알맞은 글이 되도록 ❓에 똑같이 들어갈 낱말을
골라 ◯ 하세요.

내 몸의 다리 🦵, 책상의 다리 🪑, 안경의 다리 👓 는 모두 '다리'예요.
'다리'처럼 뜻이 여러 개인 낱말에는 무엇이 있을까요?

바람이 ❓ 불어요.

차가 ❓ 달려요.

쌩쌩

꼴깍

풍선이 ❓ 터져요.

자동차가 ❓ 소리를 내요.

쿵쿵

빵빵

 다의어

그림에 알맞은 글이 되도록 **?** 에 똑같이 들어갈 낱말을 찾아 길을 따라가세요.

 참 잘했어요!

 다의어

글자를 따라 쓰고, 빈 자리에 알맞은 붙임 딱지를 붙이세요.

 참 잘했어요!

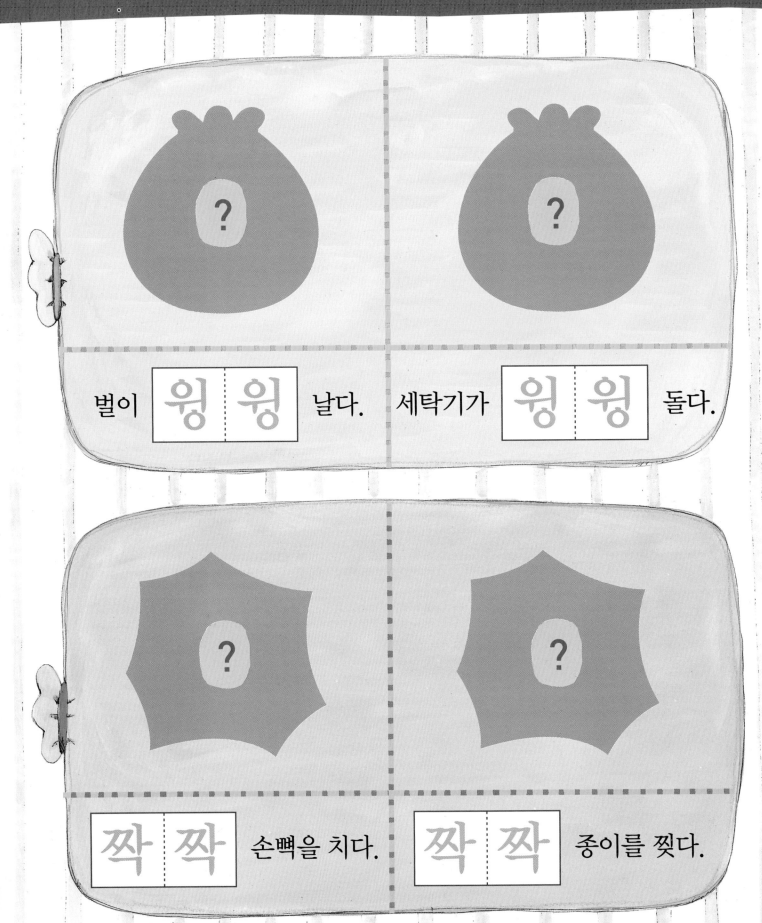

벌이 윙 윙 날다.　세탁기가 윙 윙 돌다.

짝 짝 손뼉을 치다.　짝 짝 종이를 찢다.

44

'탈것'이 포함하는 낱말을 모두 골라 줄로 이으세요.

상하위어

참 잘했어요!

사과 🍎, 배 🍐, 포도 🍇, 귤 🍊 은 '과일'이에요.

'과일'처럼 다른 낱말을 포함하는 낱말에는 무엇이 있을까요?

컵

자동차

비행기

동전

자전거

기차

탈것

'동물'이 포함하는 낱말을 모두 찾아 길을 따라가세요.

참 잘했어요!

46

 상하위어

'비'가 포함하는 낱말을 모두 골라 점선 따라 그리세요.

 참 잘했어요!

소나기

봄비

함박눈

비

여우비

47

두 낱말이 합해지면 어떤 낱말이 될까요? 빈 자리에 알맞은 붙임 딱지를 붙이세요.

 참 잘했어요!

김밥🍙은 김📗과 밥🍚이 합해진 낱말이에요.

'김밥'처럼 두 낱말이 합해져 하나의 뜻을 갖는 낱말에는 무엇이 있을까요?

관용어

'고개를 끄덕이다.'와 같은 뜻을 가진 말을 골라 색칠하세요.

참 잘했어요!

좋아.

싫어.

'고개를 끄덕이다.'라는 말은 언제 쓸까요? 더 생각해서 말해 보세요.

길을 걸어 보아요

길을 따라 걸어 볼까요?

마을의 좁은 골목길 고샅길.

고개를 넘나드는 고갯길.

먼지가 많이 일어나는 먼짓길.

아주 좁다란 오솔길.

홀로 따로 나 있는 작은 외딴길.

토끼가 겨우 지나갈 만큼 좁은 토끼길.

눈이 쌓인 뒤 아무도 지나가지 않은 숫눈길.

길을 따라 걸으면

길은 자꾸자꾸 또 다른 길로 이어져요.

어휘와 놀기

그림에 알맞은 글이 되도록 빈 자리에 붙임 딱지를 붙이세요.

다람쥐가 재빨리 **?**

고양이가 생선을 **?**

사자가 고개를 **?**

52

적용하기

그림에 알맞은 글이 되도록 빈 자리에 붙임 딱지를 붙이세요.
또 어떤 소리가 날지 자유롭게 말해 보세요.

벌이　?

물속으로　?

사과를　?

※ 아이가 말한 것을 적어 주세요.

글을 읽고, 밑줄 친 부분을 알맞게 그려 보세요.

참 잘했어요!

꼬부랑 할머니가 <u>꼬부랑 지팡이</u>를 짚고, 꼬부랑 길을 가요.

<u>꼬부랑 나무</u> 아래 꼬부랑 개가 <u>꼬부랑 똥</u>을 누어요.

무엇에 대한 글인가요? 글을 읽고, 빈 자리에 알맞은 붙임 딱지를 붙이세요.

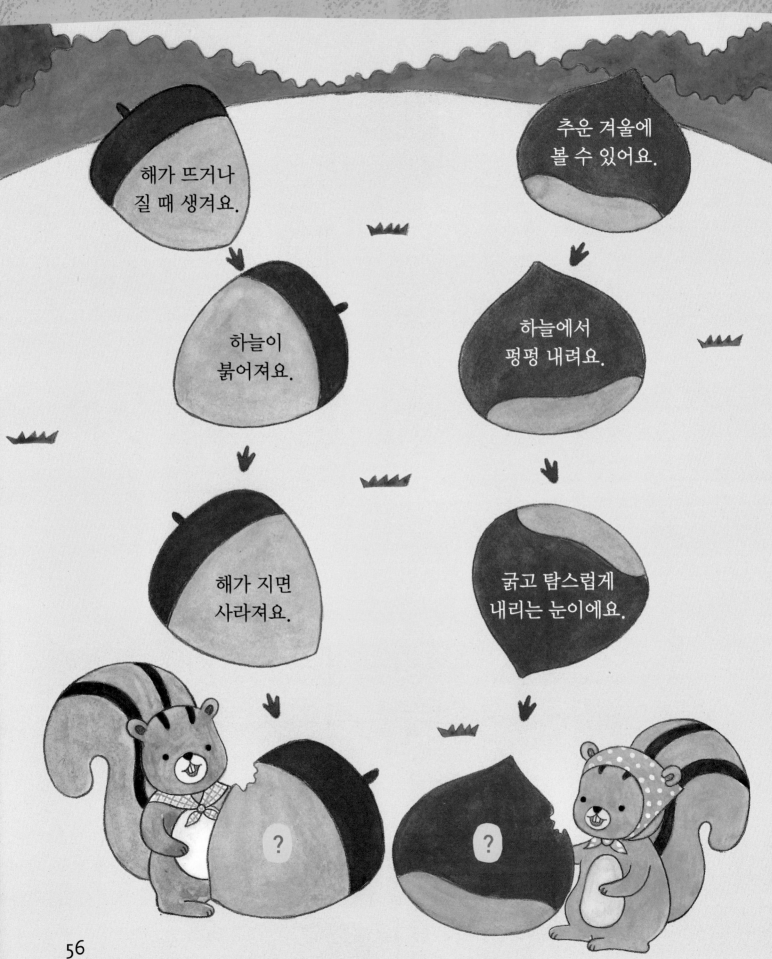

무엇에 대한 글인가요? 글을 읽고, 빈 자리에 알맞은 붙임 딱지를 붙이세요.

참 잘했어요!

• 냇가에 많이 있어요.

• 조그맣고 동글동글해요.

• 겉이 매끄러워요.

?

• 꽃 모양으로 꾸몄어요.

• 발에 신어요.

• 두 개가 모여 짝을 이루어요.

?

그림에 알맞은 글이 되도록 빈 자리에 붙임 딱지를 붙이고,
뒤에 이어질 동시를 지어 말해 보세요.

참 잘했어요!

해님이 방긋 웃는 날,

먹구름 속에서

?   가 나와

해님에게 말해요.

_____

친구랑 나랑 둘이서

소곤소곤 ?

_____

※ 아이가 말한 것을 적어 주세요.

낱말을 보고, 생각나는 것을 자유롭게 말해 보세요.

참 잘했어요!

반짝반짝

- 반짝반짝 별
- 반짝반짝 보석

_____

뾰족뾰족

- 뾰족뾰족 바늘
- 뾰족뾰족 연필심

_____

※ 아이가 말한 것을 적어 주세요.

59

글자를 따라 쓰고, 친구가 무엇을 두드릴지 자유롭게 생각해서
그림을 그리거나 말해 보세요.

참 잘했어요!

두 드 리 다

※ 아이가 말한 것을 적어 주세요.

허수아비를 마음대로 그리고, 이름도 지어 보세요.

참 잘했어요!

뚱보 허수아비

※ 아이가 말한 것을 적어 주세요.

어휘와 만나기

★ 10쪽

★ 11쪽

★ 12쪽

★ 13쪽

★ 16쪽

★ 17쪽

★ 18쪽

★ 19쪽

'똑딱똑딱', '쌩쌩', '달그락'의 의미를
되새기며 짧은 동시를 큰 소리로 읽고,
해당 낱말을 써 보며 학습을 합니다.

★ 22쪽
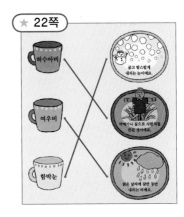

★ 23쪽
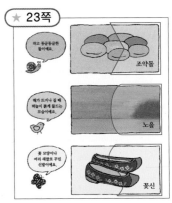

★ 24쪽
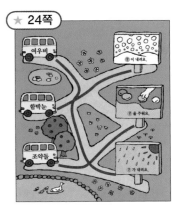

위에 제시한 답은 하나의 예시입니다.
또 다른 방식으로 낱말과 문장이 쓰인
팻말이 연결될 수 있습니다.

★ 25쪽

어휘와 친해지기

★ 28쪽

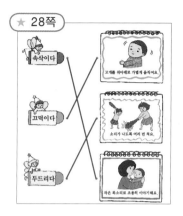

★ 29쪽

★ 30쪽

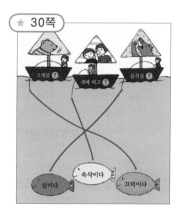

앞에서 익힌 '삼키다', '속삭이다', '끄덕이다'의 뜻을 문장 속에 넣어 활용해 보는 학습입니다.

★ 31쪽

★ 34쪽

★ 35쪽

★ 36쪽

★ 37쪽

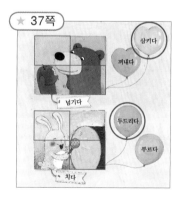

★ 38쪽

• 그림을 바라보다. – 쳐다보다.
• 필통을 놓다. – 두다.
• 사탕을 감추다. – 숨기다.

★ 39쪽

★ 40쪽

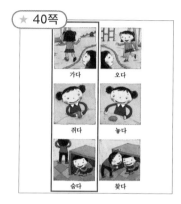

★ 41쪽

★ 42쪽

★ 43쪽

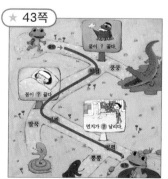

63

해답

★ 44쪽

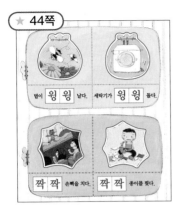

벌이 윙 윙 날다. 세탁기가 윙 윙 돌다.

짝 짝 손뼉을 치다. 짝 짝 종이를 찢다.

★ 45쪽

탈것-자동차, 자전거, 비행기, 기차

★ 46쪽

★ 47쪽

비-소나기, 봄비, 여우비

★ 48쪽

• 꽃 + 신 = 꽃신
• 눈 + 물 = 눈물

★ 49쪽

관용어는 일상생활에서 자주 쓰는 말로, 구체적인 실제 상황을 통해 의미를 익히는 것이 좋습니다. 아이가 문제를 어려워하면 놀이터에 가지고 말할 때 엄마가 고개를 끄덕였다든지, 아빠가 부탁을 들어줄 때 고개를 끄덕였다든지와 같은 구체적인 상황을 제시하며 생각해 보게 하세요.

어휘와 놀기

★ 52쪽

• 다람쥐가 재빨리 달아나다.
• 고양이가 생선을 삼키다.
• 사자가 고개를 끄덕이다.

★ 53쪽

★ 54쪽

• 벌이 윙윙
• 물속으로 첨벙
• 사과를 사각사각
• 예 하하, 호호, 횡횡, 삐거덕

아이마다 그림을 보고 다양한 소리를 말할 수 있습니다. 아이가 타당한 근거를 갖고 자신의 생각을 말한다면 답으로 인정해 주세요.

★ 55쪽

꼬부랑 할머니가 꼬부랑 지팡이를 짚고, 꼬부랑 길을 가요. 꼬부랑 나무 아래 꼬부랑 개가 꼬부랑 똥을 누어요.

'꼬부랑'에 대한 개념 이해가 바르게 되었는지 확인합니다. 예시된 답이 아니라도 아이가 자유롭게 그려 볼 수 있게 하세요.

★ 56쪽

노을 함박눈

★ 57쪽

• 조약돌
• 꽃신

★ 58쪽

• 여우비
예 해님, 반가워요.
• 속삭여요.
예 우리는 사이좋은 친구

아이가 예시된 답이 아니라도, 다양하고, 창의적인 표현을 자유롭게 말해 볼 수 있도록 도와주세요.

★ 59쪽

• 예 반짝반짝 불빛, 구슬, 반지
• 예 뾰족뾰족 가시, 밤송이, 세모

예시된 답이 아니라도, 아이가 타당한 근거를 갖고 자신의 생각을 말한다면 답으로 인정해 주세요.

★ 60쪽

예 큰북, 양동이, 꽹과리

아이마다 여러 그림을 그리거나 답을 말할 수 있습니다. 아이가 타당한 근거를 가지고 자신의 생각을 표현한다면 답으로 인정해 주세요.

★ 61쪽

예 할아버지 허수아비, 호랑이 허수아비, 홀쭉이 허수아비

아이마다 여러 그림을 그리고 이름을 말할 수 있습니다. 아이의 표현이 창의적이라면 더욱 칭찬해 주세요.

되짚어 보기

1 낱말과 뜻이 바르게 짝지어진 것을 골라 ◯ 하세요.

반짝반짝

작은 빛이 나타났다 없어졌다
하는 모양이에요.

꼬부랑

비가 가늘게 내리는
모양이에요.

2 뜻에 알맞은 낱말을 골라 줄로 이으세요.

물속으로 세게 떨어질 때
나는 소리예요.

사각사각

사과나 배를 씹을 때 나는 소리예요.

첨벙

3 낱말과 뜻이 바르게 짝지어졌으면 □ 안에 ○표, 아니면 ✕표 하세요.

노을

꽃 모양이나 여러 색깔로 꾸민 신발이에요.

□

함박눈

굵고 탐스럽게
내리는 눈이에요.

□

4 뜻에 알맞은 낱말을 골라 색칠하세요.

작은 목소리로 조용히 이야기해요.

삼키다   속삭이다

두 팔로 가슴에 대어 안아요.

품다   두드리다

되짚어 보기

5 그림에 알맞은 글이 되도록  ❓ 에 들어갈 낱말을 골라 줄로 이으세요.

❓ 을 주워요. ●

● 여우비

❓ 가 내려요. ●

● 조약돌

6 그림에 알맞은 글이 되도록 ❓ 에 들어갈 낱말을 골라 색칠하세요.

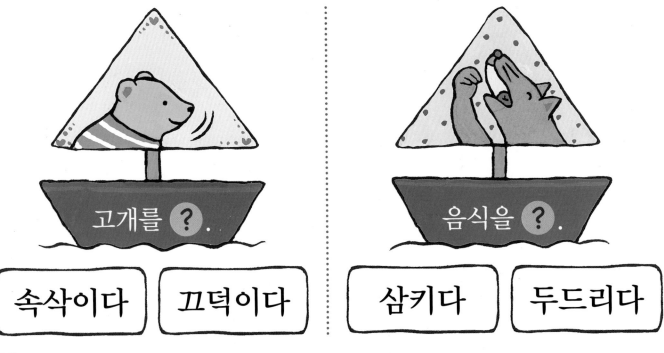

고개를 ❓.

| 속삭이다 | 끄덕이다 |

음식을 ❓.

| 삼키다 | 두드리다 |

7 그림에 알맞은 글이 되도록 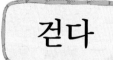 에 똑같이 들어갈 낱말을 골라 ◯ 하세요.

걷다

깨다

길을 ❓ .

바지를 ❓ .

숨기다

부르다

이름을 ❓ .

배가 ❓ .

8 뜻이 비슷한 낱말끼리 짝지어진 것을 모두 골라 ◯ 하세요.

품다-안다   넘기다-삼키다   치다-부르다

9 뜻이 비슷한 낱말을 골라 색칠하세요.

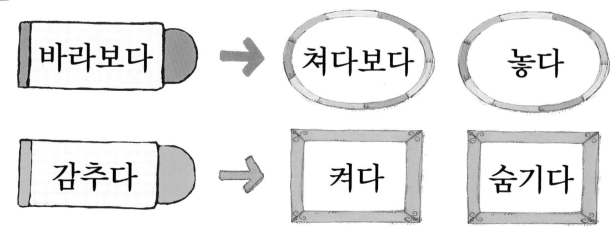

바라보다 → 쳐다보다 / 놓다

감추다 → 켜다 / 숨기다

69

10 뜻이 반대인 낱말을 골라 줄로 이으세요.

삼키다 •   • 끄다

숨다 •   • 놓다

쥐다 •   • 찾다

켜다 •   • 뱉다

11 그림에 알맞은 글이 되도록 ❓ 에 똑같이 들어갈 낱말을 골라 ⭕ 하세요.

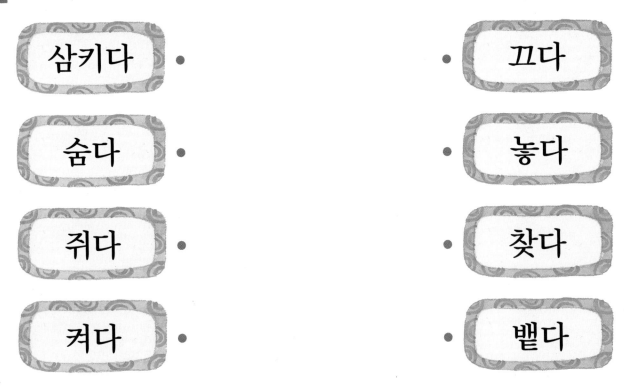

물이 ❓ 끓다.

몸이 ❓ 끓다.

펄펄

짝짝

벌이 ❓ 날다.

세탁기가 ❓ 돌다.

빵빵

윙윙

12 '동물'이 포함하는 낱말을 모두 골라 색칠하세요.

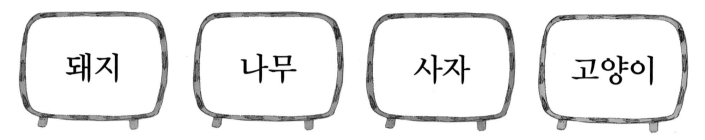

| 돼지 | 나무 | 사자 | 고양이 |

13 두 낱말이 합해져 만들어진 낱말을 골라 ◯ 하세요.

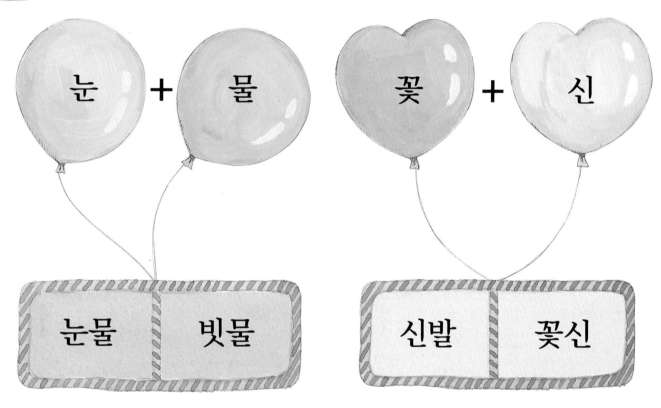

눈 + 물

꽃 + 신

| 눈물 | 빗물 |

| 신발 | 꽃신 |

14 '고개를 끄덕이다.'와 같은 뜻을 가진 말을 골라 ◯ 하세요.

좋아.

싫어.

좋다는 뜻으로 고개를 위아래로 흔들다.

싫다는 뜻으로 고개를 옆으로 돌리다.

해답

되짚어 보기

1
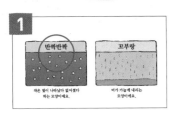

2
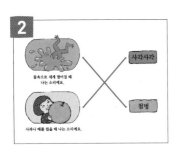

3

4

5
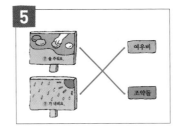

6

7

8

9
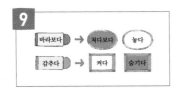

10
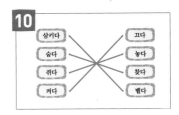

11

12

13
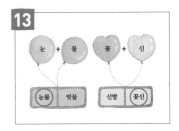

14

부모님께

문제에 따라 학습 목표가 다르므로 어떤 문제가 틀렸는지 살펴보고, 그에 알맞게 어휘 학습을 할 수 있도록 도와주세요.

- 1~4번: 낱말의 뜻 정확히 알기
- 5~6번: 낱말의 뜻을 알고, 정확한 문장 만들기
- 7번: 동음이의어 바르게 알기
- 8~9번: 비슷한말 바르게 알기
- 10번: 반대말 바르게 알기

- 11번: 다의어 바르게 알기
- 12번: 상하위어 관계 바르게 알기
- 13번: 합성어가 만들어지는 원리 바르게 알기
- 14번: 관용어의 의미 바르게 알기

★ '참 잘했어요!'에 붙이세요.

★ 10쪽에 붙이세요.

쪼글쪼글

★ 12쪽에 붙이세요.

토실토실 뾰족뾰족 보슬보슬

★ 16쪽에 붙이세요.

사각
사각

첨벙   윙윙

뾰족뾰족

★ 23쪽에 붙이세요.

꽃신

보슬보슬

조약돌

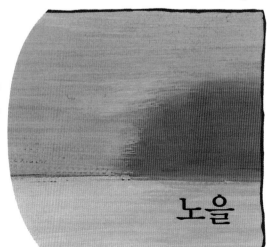
노을

★ 29쪽에 붙이세요.

삼키다　달아나다　품다

★ 34쪽에 붙이세요.

걷다.　부르다.

★ 44쪽에 붙이세요.

★ 38쪽에 붙이세요.

두다.　숨기다.

쳐다보다.

★ 48쪽에 붙이세요.

눈물　꽃신

★ 52쪽에 붙이세요.

끄덕이다.

달아나다.

삼키다.

★ 53쪽에 붙이세요.

고양이　사자　돼지

★ 54쪽에 붙이세요.

사각사각　첨벙　윙윙

★ 56쪽에 붙이세요.

함박눈　노을

★ 57쪽에 붙이세요.

꽃신

조약돌

★ 58쪽에 붙이세요.

속삭여요.　여우비